AF236775

EL CASO DE LA CASA MISTERIOSA

Eine spannende Geschichte auf Spanisch
für Anfänger mit Grundkenntnissen
mit deutscher Übersetzung und Vokabelliste

von Valerie Springer

Impressum

Titel:
El caso de la casa misteriosa
aus der Reihe „Geschichten auf Spanisch: Lernen leicht gemacht"
Autorin:
Valerie Springer
Illustrationen:
Lenora Sternbach
Copyright:
© 2025 Valerie Springer. Alle Rechte vorbehalten.
Hinweis:
Dieses Buch, einschließlich seiner Texte und Illustrationen, ist urheberrechtlich geschützt. Jede Vervielfältigung, Verbreitung oder öffentliche Wiedergabe – auch auszugsweise – ist ohne die ausdrückliche schriftliche Genehmigung der Autorin untersagt.
Haftungsausschluss:
Die Inhalte dieses Buches wurden mit größter Sorgfalt erstellt. Für die Richtigkeit, Vollständigkeit und Aktualität der Inhalte übernimmt die Autorin jedoch keine Haftung.
ISBN: 978-3-7526-2869-2
Verlag: BoD · Books on Demand GmbH, In de Tarpen 42, 22848 Norderstedt, bod@bod.de
Druck: Libri Plureos GmbH, Friedensallee 273, 22763 Hamburg

EL CASO

DE LA CASA MISTERIOSA

Eine spannende Geschichte auf Spanisch
für Anfänger mit Grundkenntnissen
mit deutscher Übersetzung und Vokabelliste

Valerie Springer

¡Bienvenido!

Willkommen bei María, dem neugierigen Mädchen, und Kommissar Pérez, dem erfahrenen Detektiv. Gemeinsam erleben die beiden ein Abenteuer voller Geheimnisse, Schatten und überraschender Wendungen.

Dieses Buch ist nicht nur eine spannende Geschichte, sondern auch ein Schlüssel zu einer neuen Sprache: Spanisch!

Das Ziel dieses Buches ist einfach: Spanisch lernen soll leicht, angenehm und unterhaltsam sein. Keine trockenen Grammatikübungen oder endlose Vokabellisten, sondern eine Geschichte, die dich mitreißt und ganz nebenbei dein Sprachgefühl verbessert.

Was erwartet dich?

- **Kurze Kapitel:** Die Geschichte ist so geschrieben, dass du sie Schritt für Schritt genießen kannst, ohne überfordert zu sein.
- **Einfache Sprache:** Der Text verwendet klar verständliches Spanisch, das speziell für Anfänger angepasst wurde.
- **Hilfe inklusive:** Am Ende jedes Kapitels findest du eine kleine Vokabelliste mit den wichtigsten Wörtern, die dir beim Verständnis helfen.
- **Deutsche Übersetzungen:** Jedes Kapitel enthält eine deutsche Übersetzung, falls du dich einmal mit dem Sinn eines Satzes schwertust.

- **Ein Lächeln garantiert:** Die Charaktere und ihre Abenteuer bringen nicht nur Spannung, sondern auch eine Prise Humor, damit das Lernen noch mehr Spaß macht.

Wie benutzt du dieses Buch?

1. Lies jedes Kapitel in Ruhe. Lass dich von der Geschichte mitreißen.
2. Schau dir die Vokabellisten an, wenn du ein Wort nicht verstehst.
3. Lies die deutsche Übersetzung, wenn du unsicher bist, ob du den Text richtig verstanden hast.
4. Lies das Kapitel ein zweites Mal – diesmal wirst du schon viel mehr verstehen!
5. Genieße das Gefühl, wie dein Spanisch mit jedem Kapitel besser wird.

Warum Spanisch lernen?

Spanisch ist eine der meistgesprochenen Sprachen der Welt. Mit diesem Buch machst du den ersten Schritt, um dich in einer neuen Sprache auszudrücken, und das, ohne dass es sich wie Lernen anfühlt.

Also, schnapp dir eine Taschenlampe (oder deine Lesebrille) und begleite María und den Kommissar auf ihrem Abenteuer in der *casa misteriosa*. Entdecke nicht nur die verborgenen Geheimnisse der Familie Navarro, sondern auch deine Freude am Spanischlernen!

¡Buena suerte y disfruta la lectura!
(Viel Glück und genieße das Lesen!)

Parte 1: La desaparición

Es una noche oscura en el pueblo de San Miguel. María, una joven curiosa, camina por la plaza. Ella escucha un ruido extraño cerca de la iglesia.

„¿Qué pasa aquí?" piensa María.

María mira a su alrededor. No hay nadie. Solo las luces de las farolas iluminan el camino. De repente, un hombre aparece. Él lleva un sombrero negro y una chaqueta larga. Él camina rápido hacia una casa vieja al final de la calle. María siente curiosidad y decide seguirlo.

La casa es muy grande y parece abandonada. La puerta está abierta, pero no hay luz dentro. El hombre entra, y María espera afuera.

„¿Quién es este hombre? ¿Qué hace aquí?"

Después de unos minutos, María escucha un grito. Es un grito fuerte y aterrador. María tiene miedo, pero también quiere saber qué ocurre. Ella corre a la puerta y mira adentro.

Dentro de la casa, todo está oscuro y frío. Hay muebles cubiertos de polvo. En el suelo, María ve un pañuelo rojo. Lo toma y lo guarda en su bolsillo.

María decide ir a buscar ayuda. Corre a la comisaría del pueblo. El comisario Pérez está allí. Él es un hombre serio, pero siempre ayuda a los vecinos.

„Comisario, ¡algo extraño ocurre en la casa vieja!" dice María.

El comisario escucha con atención. Luego toma su chaqueta y dice: „Vamos a investigar, María."

Ambos caminan hacia la casa misteriosa. Al llegar, la puerta está cerrada. El comisario toca, pero nadie responde. Él empuja la puerta, y esta se abre lentamente.

„Esto es muy raro", dice el comisario.

María y el comisario entran en la casa. No hay rastro del hombre. Solo el pañuelo rojo que María encuentra antes. El comisario lo examina y dice: „Esto es importante. Necesitamos investigar más."

María siente que algo malo ocurre en esa casa. Ella mira al comisario y dice: „Comisario, yo quiero ayudar."

El comisario asiente.

„Está bien, María, pero ten cuidado."

Teil 1: Das Verschwinden

Es ist eine dunkle Nacht im Dorf San Miguel. María, eine neugierige junge Frau, spaziert über den Platz. Sie hört ein seltsames Geräusch in der Nähe der Kirche. „Was ist hier los?", denkt María.

María schaut sich um. Niemand ist zu sehen. Nur die Straßenlaternen beleuchten den Weg. Plötzlich taucht ein Mann auf. Er trägt einen schwarzen Hut und einen langen Mantel. Er geht schnell zu einem alten Haus am Ende der Straße. María wird neugierig und beschließt, ihm zu folgen.

Das Haus ist sehr groß und wirkt verlassen. Die Tür steht offen, aber drinnen brennt kein Licht. Der Mann tritt ein, und María wartet draußen. „Wer ist dieser Mann? Was macht er hier?"

Nach ein paar Minuten hört María einen Schrei. Es ist ein lauter und erschreckender Schrei. María hat Angst, aber sie will auch wissen, was los ist. Sie läuft zur Tür und schaut hinein.

Im Inneren des Hauses ist alles dunkel und kalt. Die Möbel sind mit Staub bedeckt. Auf dem Boden sieht María ein rotes Taschentuch. Sie hebt es auf und steckt es in ihre Tasche.

María beschließt, Hilfe zu holen. Sie rennt zur Polizeiwache des Dorfes. Der Kommissar Pérez ist dort. Er ist ein ernster Mann, aber er hilft den Dorfbewohnern immer.

„Kommissar Pérez, etwas Seltsames passiert im alten Haus!", sagt María.

Der Kommissar hört aufmerksam zu. Dann zieht er seine Jacke an und sagt: „Gehen wir, María. Wir werden nachsehen."

Beide gehen zum geheimnisvollen Haus. Als sie ankommen, ist die Tür geschlossen. Der Kommissar klopft, aber niemand antwortet. Er drückt die Tür, und sie öffnet sich langsam.

„Das ist sehr merkwürdig", sagt der Kommissar.

María und der Kommissar betreten das Haus. Es gibt keine Spur von dem Mann. Nur das rote Taschentuch, das María vorher gefunden hat. Der Kommissar untersucht es und sagt: „Das ist wichtig. Wir müssen weiter nachforschen."

María hat das Gefühl, dass etwas Schlimmes in diesem Haus passiert. Sie schaut den Kommissar an und sagt: „Kommissar, ich möchte helfen."

Der Kommissar nickt. „In Ordnung, María, aber sei vorsichtig."

Vokabelliste:

desaparición – das Verschwinden

ruido extraño – seltsames Geräusch

farola – Straßenlaterne

curiosidad – Neugier

abandonada – verlassen

grito – Schrei

pañuelo – Taschentuch

comisaría – Polizeiwache

comisario – Kommissar

rastro – Spur

investigar – untersuchen, nachforschen

esconder – verbergen, verstecken

Parte 2: La pista secreta

María y el comisario Pérez entran más en la casa vieja. La luz de la linterna del comisario ilumina los pasillos oscuros. El aire está lleno de polvo, y todo está en silencio.

De repente, María ve algo en el suelo. Es una llave pequeña y oxidada.

„Mira, comisario, ¡una llave!", dice María, emocionada.

El comisario toma la llave y la examina.

„Parece antigua. Tal vez abre algo en esta casa."

Continúan caminando. Llegan a una puerta cerrada al fondo del pasillo. El comisario intenta abrirla, pero está bloqueada.
„Vamos a probar la llave", sugiere María.

El comisario inserta la llave en la cerradura. Hace un clic, y la puerta se abre lentamente. Dentro, hay una pequeña habitación. En el centro, hay una mesa con papeles desordenados y una caja cerrada.

„¿Qué es esto?", pregunta María mientras se acerca a la mesa.

El comisario revisa los papeles. Son notas con nombres y fechas. Algunos nombres están tachados. „Esto parece importante, pero no entiendo su significado todavía", dice el comisario.

María mira la caja. Es de madera y tiene un candado pequeño.

„Comisario, tal vez esta caja tiene algo valioso", dice María.

El comisario busca en la habitación, pero no encuentra la llave del candado.

„Necesitamos abrir esta caja más tarde. Ahora debemos salir de aquí."

De repente, ambos escuchan un ruido en el piso de arriba. Es un golpe fuerte, como si algo cayera. María mira al comisario, asustada.

„¿Hay alguien más aquí?", susurra María.

El comisario toma su linterna y sube las escaleras, seguido por María. Llegan a un pasillo con varias puertas. Una de ellas está entreabierta, y una luz tenue se filtra desde adentro.

„Quédate detrás de mí, María", dice el comisario en voz baja.

El comisario empuja la puerta con cuidado. Dentro de la habitación hay una silla volcada, y en el suelo, un pequeño cuaderno negro. Pero no hay nadie. „Esto es muy extraño", dice el comisario, recogiendo el cuaderno.

María se acerca y abre el cuaderno. Dentro, hay dibujos de la casa y un mapa. El mapa tiene una marca roja en el sótano.

„Parece que alguien busca algo aquí", dice María.

El comisario asiente. „Necesitamos regresar con refuerzos. Esta casa es peligrosa.“

María no quiere irse, pero sabe que el comisario tiene razón. Ambos salen de la casa y caminan hacia la comisaría.

Mientras caminan, María dice: „Comisario, ¿y si el hombre del sombrero vuelve mientras no estamos?“

El comisario piensa un momento. „Mañana vamos al sótano, María. Pero esta noche vigilo la casa.“

María está nerviosa, pero sabe que el comisario tiene un plan.

Teil 2: Die geheime Spur

María und Kommissar Pérez dringen tiefer in das alte Haus ein. Der Lichtstrahl der Taschenlampe des Kommissars beleuchtet die dunklen Flure. Die Luft ist voller Staub, und alles ist still.

Plötzlich sieht María etwas auf dem Boden. Es ist ein kleiner, verrosteter Schlüssel. „Schauen Sie, Kommissar, ein Schlüssel!", sagt María aufgeregt.

Der Kommissar nimmt den Schlüssel und untersucht ihn. „Er sieht alt aus. Vielleicht öffnet er etwas in diesem Haus."

Sie gehen weiter. Am Ende des Flurs kommen sie zu einer verschlossenen Tür. Der Kommissar versucht, sie zu öffnen, aber sie ist blockiert. „Lass uns den Schlüssel ausprobieren", schlägt María vor.

Der Kommissar steckt den Schlüssel ins Schloss. Es macht klick, und die Tür öffnet sich langsam. Dahinter ist ein kleiner Raum. In der Mitte steht ein Tisch mit verstreuten Papieren und einer verschlossenen Kiste. „Was ist das?", fragt María, während sie zum Tisch geht.

Der Kommissar durchsucht die Papiere. Es sind Notizen mit Namen und Daten. Einige Namen sind durchgestrichen.
„Das scheint wichtig zu sein, aber ich verstehe noch nicht, was es bedeutet", sagt der Kommissar.

María schaut sich die Kiste an. Sie ist aus Holz und hat ein kleines Schloss. „Kommissar Pérez, vielleicht ist in dieser Kiste etwas Wertvolles", sagt María.

Der Kommissar sucht im Raum, findet aber den Schlüssel für das Schloss nicht. „Wir müssen diese Kiste später öffnen. Jetzt sollten wir hier rausgehen."

Plötzlich hören beide ein Geräusch von oben. Es ist ein lauter Schlag, als ob etwas herunterfällt. María sieht den Kommissar erschrocken an. „Ist noch jemand hier?", flüstert María.

Der Kommissar nimmt seine Taschenlampe und steigt die Treppe hinauf, gefolgt von María. Sie kommen zu einem Flur mit mehreren Türen. Eine von ihnen steht einen Spalt offen, und ein schwaches Licht dringt heraus. „Bleib hinter mir, María", sagt der Kommissar leise.

Der Kommissar schiebt die Tür vorsichtig auf. Im Raum steht ein umgekippter Stuhl, und auf dem Boden liegt ein kleines schwarzes Notizbuch. Aber niemand ist zu sehen. „Das ist sehr seltsam", sagt der Kommissar und hebt das Notizbuch auf.

María tritt näher und öffnet das Notizbuch. Darin sind Zeichnungen des Hauses und eine Karte. Auf der Karte ist der Keller mit einem roten Zeichen markiert. „Es sieht aus, als suche hier jemand etwas", sagt María.

Der Kommissar nickt. „Wir brauchen Verstärkung. Dieses Haus ist gefährlich."

María möchte nicht gehen, aber sie weiß, dass der Kommissar recht hat. Beide verlassen das Haus und gehen zur Polizeiwache.

Während sie laufen, sagt María: „Kommissar Pérez, was ist, wenn der Mann mit dem Hut zurückkommt, während wir weg sind?"

Der Kommissar überlegt einen Moment. „Morgen gehen wir in den Keller, María. Aber heute Nacht werde ich das Haus beobachten."

María ist nervös, aber sie weiß, dass der Kommissar einen Plan hat.

Vokabelliste:

pista – Spur, Hinweis
linterna – Taschenlampe
llave – Schlüssel
oxidada – verrostet
cerradura – Schloss
candado – Vorhängeschloss
entreabierta – einen Spalt offen
volcada – umgekippt
cuaderno – Notizbuch
sótano – Keller
refuerzos – Verstärkung

Parte 3: El sótano oculto

Al día siguiente, María llega a la comisaría temprano. El comisario Pérez ya está listo.

„Hoy vamos a descubrir qué hay en el sótano", dice el comisario con seriedad.

María asiente, aunque siente un poco de miedo. Ambos caminan hacia la casa vieja con las linternas y el mapa.

La puerta de la casa está abierta de nuevo. El comisario frunce el ceño. „Alguien entra aquí por la noche", murmura.

María y el comisario entran con cuidado. Siguen el mapa hasta una puerta de madera en el suelo. Es la entrada al sótano. La puerta tiene una cadena y un candado, pero el comisario lleva herramientas. „Vamos a abrirlo rápido", dice él.

María observa mientras el comisario corta la cadena. La puerta se abre con un ruido fuerte. Del sótano sube un olor extraño, a humedad y tierra vieja.

„Bajemos con cuidado", dice el comisario.

Los escalones de madera crujen mientras bajan. La luz de las linternas ilumina un sótano grande y oscuro. En una esquina, hay estanterías llenas de cajas y libros polvorientos.
„Parece un almacén antiguo", dice María.

El comisario camina hacia una mesa en el centro. Allí hay una lámpara rota y un papel extraño. Él lo recoge y lee en voz alta: „La verdad está bajo la cruz.“

María lo mira confundida. „¿La cruz? ¿Qué significa eso?“, pregunta ella.

El comisario señala una pared al fondo del sótano. Hay un símbolo pintado: una cruz roja grande. „Vamos a investigar allí“, dice él.

María y el comisario caminan hacia la pared. Al tocarla, el comisario nota algo raro. „Esta pared no es sólida. Parece hueca“, dice, golpeándola con la mano.

María siente un escalofrío. „¿Hay algo detrás?“, pregunta ella con voz baja.

El comisario toma una barra de hierro y comienza a romper la pared. Los golpes resuenan en el sótano vacío. Después de unos minutos, aparece una pequeña entrada oscura detrás de la pared. „¡Hay un túnel!“, exclama María.

El comisario ilumina el túnel con su linterna. El pasillo es estrecho y se pierde en la oscuridad. „Alguien construye esto hace muchos años“, dice el comisario.

De repente, escuchan un ruido detrás de ellos. Es como si algo se mueve en las sombras del sótano. María se gira, asustada. „¡Comisario, hay alguien aquí!“, susurra ella.

El comisario levanta la linterna y mira alrededor, pero no ve a nadie. „Debemos seguir adelante. No podemos regresar ahora“, dice él.

María respira hondo y asiente. „Está bien, comisario. Vamos."

Ambos entran en el túnel, dejando atrás el sótano. El aire dentro es frío y pesado. Solo las luces de las linternas iluminan el camino.

Mientras caminan, María dice: „Comisario, ¿quién construye esto y por qué?"

El comisario responde en voz baja: „Eso vamos a descubrir, pero alguien no quiere que lo sepamos."

El túnel sigue y sigue. De repente, ven algo al final: una puerta de metal cerrada con símbolos extraños. „Llegamos a otro misterio", dice el comisario.

María mira la puerta con miedo y curiosidad.

Teil 3: Der verborgene Keller

Am nächsten Tag kommt María früh zur Polizeiwache. Kommissar Pérez ist schon bereit. „Heute werden wir herausfinden, was im Keller ist", sagt der Kommissar ernst.

María nickt, obwohl sie etwas Angst hat. Beide gehen mit Taschenlampen und der Karte zum alten Haus.

Die Tür des Hauses steht wieder offen. Der Kommissar runzelt die Stirn. „Jemand kommt nachts hierher", murmelt er.

Vorsichtig betreten María und der Kommissar das Haus. Sie folgen der Karte zu einer hölzernen Falltür im Boden. Es ist der Eingang zum Keller. Die Tür ist mit einer Kette und einem Schloss gesichert, aber der Kommissar hat Werkzeuge dabei. „Wir öffnen es schnell", sagt er.

María beobachtet, wie der Kommissar die Kette durchschneidet. Mit einem lauten Geräusch öffnet sich die Tür. Aus dem Keller steigt ein seltsamer Geruch auf, nach Feuchtigkeit und alter Erde. „Gehen wir vorsichtig hinunter", sagt der Kommissar.

Die hölzernen Stufen knarren, während sie hinuntersteigen. Der Lichtstrahl der Taschenlampen beleuchtet einen großen, dunklen Keller. In einer Ecke stehen Regale voller staubiger Kisten und Bücher. „Sieht aus wie ein alter Lagerraum", sagt María.

Der Kommissar geht zu einem Tisch in der Mitte des Kellers. Dort liegt eine zerbrochene Lampe und ein seltsames Papier. Er hebt es auf und liest laut vor: „Die Wahrheit liegt unter dem Kreuz."

María schaut ihn verwirrt an. „Das Kreuz? Was bedeutet das?", fragt sie.

Der Kommissar zeigt auf eine Wand am Ende des Kellers. Darauf ist ein Symbol gemalt: ein großes rotes Kreuz. „Lass uns dort nachsehen", sagt er.

María und der Kommissar gehen zur Wand. Als der Kommissar sie berührt, merkt er etwas. „Diese Wand ist nicht massiv. Sie klingt hohl", sagt er und klopft darauf.

María bekommt eine Gänsehaut. „Ist da etwas dahinter?", fragt sie leise.

Der Kommissar nimmt eine Eisenstange und beginnt, die Wand einzuschlagen. Die Schläge hallen im leeren Keller wider. Nach ein paar Minuten erscheint ein kleiner, dunkler Eingang hinter der Wand.

„Es gibt einen Tunnel!", ruft María.

Der Kommissar leuchtet mit seiner Taschenlampe in den Tunnel. Der Gang ist eng und führt ins Dunkel. „Das hat jemand vor vielen Jahren gebaut", sagt der Kommissar.

Plötzlich hören sie ein Geräusch hinter sich. Es klingt, als würde sich etwas in den Schatten des Kellers bewegen. María dreht sich erschrocken um. „Kommissar, da ist jemand!", flüstert sie.

Der Kommissar hebt seine Taschenlampe und schaut sich um, aber er sieht niemanden. „Wir müssen weitergehen. Jetzt können wir nicht umkehren", sagt er.

María atmet tief durch und nickt. „In Ordnung, Kommissar. Gehen wir."

Beide betreten den Tunnel und lassen den Keller hinter sich. Die Luft im Inneren ist kalt und drückend. Nur die Lichtstrahlen ihrer Taschenlampen erhellen den Weg.

Während sie gehen, fragt María: „Kommissar Pérez, wer hat das gebaut und warum?"

Der Kommissar antwortet leise: „Das werden wir herausfinden, aber jemand will nicht, dass wir es wissen."

Der Tunnel zieht sich endlos hin. Plötzlich sehen sie am Ende etwas: eine Metalltür, verschlossen und mit seltsamen Symbolen bedeckt. „Wir sind bei einem neuen Rätsel angekommen", sagt der Kommissar.

María sieht die Tür mit einer Mischung aus Angst und Neugier an.

Vokabelliste:

sótano – Keller

cadena – Kette

candado – Schloss

herramientas – Werkzeuge

hueca – hohl

escalofrío – Gänsehaut

barra de hierro – Eisenstange

resonar – widerhallen

símbolos – Symbole

cruz – Kreuz

Parte 4: La puerta sellada

María y el comisario Pérez se detienen frente a la puerta de metal. Está cubierta de símbolos extraños grabados en la superficie. „Esto no es algo común", dice el comisario mientras pasa la mano por los grabados.

María mira los símbolos con atención. Parecen círculos, líneas y figuras que no entiende. „Comisario, ¿cómo abrimos esta puerta?", pregunta María.

El comisario busca alrededor, pero no encuentra una cerradura ni un mecanismo visible. „No hay llave. Tal vez los símbolos son una pista", dice él.

De repente, María recuerda el cuaderno negro que encuentran antes. Lo saca de su mochila y lo abre. „Aquí hay dibujos de estos símbolos, pero hay algo más", dice María, señalando una página.

El comisario mira el cuaderno. En la página hay una frase escrita: „La luz revela el camino."

„Tal vez necesitamos usar luz", dice el comisario.

María ilumina la puerta con su linterna, pero nada ocurre. Entonces el comisario saca una lupa de su bolsillo. „Vamos a probar con esta lupa. Tal vez amplifica la luz."

María sostiene la linterna mientras el comisario mueve la lupa frente a los símbolos. De repente, uno de los grabados brilla con un color dorado. „¡Funciona!", exclama María.

El comisario continúa iluminando los otros símbolos en el orden que aparece en el cuaderno. Uno a uno, brillan y la puerta hace un sonido metálico. „Se abre", dice el comisario.

La puerta se desliza lentamente hacia un lado, revelando una habitación oculta. Dentro, hay estantes con objetos antiguos, cofres cerrados y una mesa llena de documentos.

„Esto parece una colección secreta", dice María, sorprendida.

El comisario revisa los documentos. Son mapas y notas escritas a mano. Una de las hojas tiene el nombre „Navarro".
„Este nombre aparece en otros papeles de la casa", dice el comisario.

María abre uno de los cofres. Dentro hay monedas de oro y joyas. „Esto vale mucho dinero, comisario. ¿Por qué alguien lo esconde aquí?", pregunta María.

Antes de que el comisario responda, escuchan pasos en el túnel. María apaga su linterna rápidamente. „¡Alguien viene!", susurra ella.

El comisario y María se esconden detrás de un estante. Desde la entrada del túnel, ven la sombra de una persona acercándose. La figura entra en la habitación con una linterna pequeña.

Es el hombre del sombrero negro. Él examina los estantes y murmura algo en voz baja. Luego, se acerca a la mesa y toma un documento. „Este es el último. Ahora todo es mío", dice el hombre.

El comisario observa desde su escondite. Él saca su arma y dice en voz alta: „¡Alto ahí! ¡Policía!"

El hombre del sombrero negro se sobresalta y corre hacia la salida.

„¡María, quédate aquí!", grita el comisario mientras lo persigue.

María siente miedo, pero también curiosidad. Ella mira el documento que el hombre deja caer en su huida. En él hay un mapa con otra ubicación marcada.

Teil 4: Die versiegelte Tür

María und Kommissar Pérez stehen vor der Metalltür. Sie ist mit seltsamen Symbolen bedeckt, die in die Oberfläche eingraviert sind. „Das ist nichts Gewöhnliches", sagt der Kommissar, während er mit der Hand über die Gravuren fährt.

María betrachtet die Symbole aufmerksam. Es sind Kreise, Linien und Figuren, die sie nicht versteht. „Kommissar, wie öffnen wir diese Tür?", fragt María.

Der Kommissar schaut sich um, findet aber weder ein Schloss noch einen sichtbaren Mechanismus. „Es gibt keinen Schlüssel. Vielleicht sind die Symbole ein Hinweis", meint er.

Plötzlich erinnert sich María an das schwarze Notizbuch, das sie vorher gefunden haben. Sie holt es aus ihrem Rucksack und schlägt es auf.

„Hier sind Zeichnungen von diesen Symbolen, aber da steht noch etwas", sagt María und zeigt auf eine Seite.

Der Kommissar schaut ins Notizbuch. Auf der Seite steht ein Satz: „Das Licht zeigt den Weg."

„Vielleicht müssen wir Licht benutzen", sagt der Kommissar.

María leuchtet mit ihrer Taschenlampe auf die Tür, aber nichts passiert. Da holt der Kommissar eine Lupe aus seiner Tasche.

„Versuchen wir es mit dieser Lupe. Vielleicht verstärkt sie das Licht."

María hält die Taschenlampe, während der Kommissar die Lupe vor die Symbole hält. Plötzlich beginnt eines der Gravuren golden zu leuchten.

„Es funktioniert!", ruft María.

Der Kommissar beleuchtet die anderen Symbole in der Reihenfolge, die im Notizbuch angegeben ist. Eins nach dem anderen leuchtet auf, und die Tür gibt ein metallisches Geräusch von sich.

„Sie öffnet sich", sagt der Kommissar.

Langsam gleitet die Tür zur Seite und gibt den Blick auf einen verborgenen Raum frei. Drinnen stehen Regale mit alten Gegenständen, verschlossenen Truhen und ein Tisch voller Dokumente.

„Das sieht aus wie eine geheime Sammlung", sagt María erstaunt.

Der Kommissar durchsucht die Dokumente. Es sind Karten und handgeschriebene Notizen. Auf einem der Papiere steht der Name „Navarro".

„Dieser Name taucht in anderen Papieren des Hauses auf", sagt der Kommissar.

María öffnet eine der Truhen. Darin befinden sich Goldmünzen und Schmuck. „Das ist sehr wertvoll, Kommissar Pérez. Warum versteckt das jemand hier?", fragt María.

Bevor der Kommissar antworten kann, hören sie Schritte im Tunnel. María schaltet schnell ihre Taschenlampe aus. „Jemand kommt!", flüstert sie.

Der Kommissar und María verstecken sich hinter einem Regal. Aus dem Eingang des Tunnels sehen sie die Schatten einer Person näherkommen. Die Gestalt betritt den Raum mit einer kleinen Taschenlampe.

Es ist der Mann mit dem schwarzen Hut. Er durchsucht die Regale und murmelt leise vor sich hin. Dann nähert er sich dem Tisch und nimmt ein Dokument. „Das ist das Letzte. Jetzt gehört alles mir", sagt der Mann.

Der Kommissar beobachtet ihn aus seinem Versteck. Er zieht seine Waffe und ruft laut: „Stehenbleiben! Polizei!"

Der Mann mit dem schwarzen Hut schreckt auf und rennt Richtung Ausgang.

„María, bleib hier!", ruft der Kommissar und läuft hinter ihm her.

María hat Angst, aber auch Neugier. Sie schaut sich das Dokument an, das der Mann in seiner Flucht fallen lässt. Darauf ist eine Karte mit einer weiteren markierten Stelle.

Vokabelliste:

símbolos – Symbole

grabados – Gravuren

cerradura – Schloss

luz – Licht

lupa – Lupe

truhas – Truhen

joyas – Schmuck

colección secreta – geheime Sammlung

pasos – Schritte

sombra – Schatten

documento – Dokument

Parte 5: Las sombras del túnel

María y el comisario Pérez caminan con cautela por el túnel recién descubierto. Las paredes de piedra están húmedas, y el eco de sus pasos resuena en la oscuridad. Solo las linternas iluminan el camino.

„Este túnel parece más antiguo que el otro", dice el comisario, observando las marcas en las paredes.

María señala unas inscripciones en la roca. „Comisario, mire esto. Son símbolos como los de la puerta metálica."

El comisario los examina de cerca. „Parecen una advertencia. Algo así como: ‚No sigas adelante.'"

María traga saliva, pero no se detiene. „Si los Navarros construyeron esto, querían proteger algo importante."

Siguen adelante y encuentran una bifurcación. El túnel se divide en dos caminos. „¿Izquierda o derecha?", pregunta María.

El comisario enciende ambas linternas y observa los caminos. „Izquierda. Hay marcas de huellas recientes."

Siguen el camino izquierdo, y después de unos minutos llegan a una pequeña cámara. En el centro, hay una mesa de piedra con un objeto extraño: un anillo de oro con un emblema en forma de cruz. „Esto debe ser importante", dice María, recogiendo el anillo.

De repente, escuchan un ruido fuerte detrás de ellos. Es como si alguien moviera piedras.

„¡Hay alguien más aquí!", dice el comisario, apuntando su linterna hacia el túnel.

Ven una sombra moverse rápidamente. „¡Alto! ¿Quién está ahí?", grita el comisario.

Nadie responde. Deciden seguir la sombra, pero esta desaparece en la oscuridad. „Esto no me gusta, comisario. Tal vez deberíamos regresar", dice María, nerviosa.

El comisario observa el anillo y responde: „Este túnel guarda algo más grande de lo que imaginamos. No podemos rendirnos ahora."

Siguen adelante y llegan a otra puerta de piedra con un símbolo idéntico al del anillo. María coloca el anillo en una ranura, y la puerta se abre lentamente. „Esto es increíble", dice María mientras ambos entran.

La nueva cámara está llena de mapas antiguos, herramientas oxidadas y un cofre cerrado. Antes de que puedan acercarse, escuchan un grito. Es un grito humano, lleno de dolor y desesperación. „¡Esto no es un juego, María!", dice el comisario, sacando su arma.

María mira hacia la pared y dice con voz temblorosa: „Algo nos observa, comisario. Lo siento."

Teil 5: Die Schatten im Tunnel

María und Kommissar Pérez gehen vorsichtig durch den neu entdeckten Tunnel. Die Steinwände sind feucht, und das Echo ihrer Schritte hallt in der Dunkelheit wider. Nur ihre Taschenlampen beleuchten den Weg.

„Dieser Tunnel scheint älter zu sein als der andere", sagt der Kommissar, während er die Markierungen an den Wänden betrachtet.

María zeigt auf einige Inschriften im Fels.

„Kommissar, sehen Sie das. Es sind Symbole wie die auf der Metalltür."

Der Kommissar untersucht sie genau.

„Sie scheinen eine Warnung zu sein. So etwas wie: ‚Geht nicht weiter.'"

María schluckt, bleibt aber nicht stehen.

„Wenn die Familie Navarro das gebaut hat, wollten sie etwas Wichtiges schützen."

Sie gehen weiter und kommen an eine Weggabelung. Der Tunnel teilt sich in zwei Richtungen.

„Links oder rechts?", fragt María.

Der Kommissar leuchtet mit beiden Taschenlampen in die Tunnel. „Links. Dort gibt es frische Fußspuren."

Sie folgen dem linken Weg und kommen nach ein paar Minuten in eine kleine Kammer. In der Mitte steht ein

Steintisch mit einem seltsamen Gegenstand: ein goldener Ring mit einem Kreuz-Emblem.

„Das muss wichtig sein", sagt María und nimmt den Ring.

Plötzlich hören sie ein lautes Geräusch hinter sich. Es klingt, als würde jemand Steine bewegen.

„Da ist noch jemand!", sagt der Kommissar und richtet seine Taschenlampe auf den Tunnel.

Sie sehen eine Schattenfigur, die sich schnell bewegt.

„Bleiben Sie stehen! Wer ist da?", ruft der Kommissar.

Keine Antwort. Sie beschließen, den Schatten zu verfolgen, aber er verschwindet in der Dunkelheit.

„Das gefällt mir nicht, Kommissar. Vielleicht sollten wir umkehren", sagt María nervös.

Der Kommissar betrachtet den Ring und antwortet:

„Dieser Tunnel birgt etwas Größeres, als wir dachten. Wir dürfen jetzt nicht aufgeben."

Sie gehen weiter und erreichen eine weitere Steintür mit einem Symbol, das identisch mit dem des Rings ist. María steckt den Ring in eine Einkerbung, und die Tür öffnet sich langsam.

„Das ist unglaublich", sagt María, während beide eintreten.

Die neue Kammer ist voll mit alten Karten, rostigen Werkzeugen und einer verschlossenen Truhe. Bevor sie sich nähern können, hören sie einen Schrei. Es ist ein menschlicher Schrei, voller Schmerz und Verzweiflung.

„Das ist kein Spiel, María!", sagt der Kommissar und zieht seine Waffe.

María sieht an die Wand und sagt mit zitternder Stimme: „Etwas beobachtet uns, Kommissar. Ich spüre es."

Vokabelliste:

túnel – Tunnel

pared de piedra – Steinwand

inscripción – Inschrift

bifurcación – Weggabelung

huellas recientes – frische Fußspuren

cámara – Kammer

emblema – Wappen, Emblem

ranura – Einkerbung

herramientas oxidadas – rostige Werkzeuge

cofre – Truhe

sombra – Schatten

grito – Schrei

desesperación – Verzweiflung

Parte 6: La verdad enterrada

El comisario Pérez y María llegan a la entrada del cementerio antiguo marcado en el mapa. El lugar es silencioso, con tumbas viejas cubiertas de musgo. La luna llena ilumina el camino.

„Aquí está la cruz del mapa", dice María, señalando una gran cruz de piedra en el centro del cementerio.

El comisario observa la cruz. En su base hay inscripciones que apenas se leen. Él enciende su linterna y lee en voz alta:

„Bajo esta cruz, descansa el tesoro de los Navarros."

„¿Tesoro?", pregunta María, sorprendida.

„Tal vez los Navarros esconden algo importante aquí", responde el comisario.

Ambos comienzan a buscar pistas alrededor de la cruz. En un lado, María encuentra una pequeña placa de metal. Tiene un símbolo similar al de la puerta de metal en el sótano.

„Comisario, esto parece una cerradura secreta", dice María.

El comisario asiente y saca la llave oxidada que encuentran antes en la casa. La introduce en la cerradura y gira. Con un clic, la base de la cruz se mueve, revelando una trampilla.

„Esto se pone más interesante", dice el comisario. La trampilla se abre, mostrando una escalera que desciende a una cámara subterránea. El aire está frío y huele a tierra mojada.

„Bajemos con cuidado", dice el comisario.

María y el comisario descienden. La cámara es pequeña, con paredes de piedra y un cofre en el centro.

„Parece que este es el tesoro", dice María, emocionada.

El comisario examina el cofre. Es de madera reforzada con metal y tiene un candado grande.

„Necesitamos abrirlo. Tal vez esto explica todo", dice el comisario.

Mientras busca cómo abrir el candado, escuchan un ruido desde arriba. La trampilla se cierra de golpe.

„¡Estamos atrapados!", grita María.

El comisario ilumina la escalera con su linterna.

„Alguien nos encierra aquí", dice en voz baja.

De repente, escuchan una voz familiar desde el otro lado de la trampilla.

„¡No debieron venir aquí!", grita el hombre del sombrero negro.

„¡¿Quién eres y qué buscas?!", grita el comisario.

„Ustedes nunca entenderán. Este tesoro es mío, como siempre debió serlo."

El hombre comienza a mover algo pesado sobre la trampilla.

„¡Quiere dejarnos aquí!", dice María, asustada.

El comisario golpea la trampilla con todas sus fuerzas, pero no se abre.

„Tenemos que encontrar otra salida", dice él.

María ilumina las paredes con su linterna y encuentra un pequeño túnel al fondo de la cámara.

„Comisario, ¡mire esto! Tal vez podemos escapar por aquí."

El comisario asiente. „Primero abrimos el cofre. No podemos dejarlo aquí."

Con su navaja, el comisario rompe el candado. Dentro del cofre, encuentran documentos antiguos, monedas de oro y un pequeño diario.

„Estos documentos son importantes. Tal vez explican quién es este hombre y qué busca", dice el comisario mientras toma el diario.

María guarda las monedas y los papeles en su mochila rápidamente.

„Ahora vámonos antes de que sea tarde", dice María.

Ambos entran al túnel, dejando atrás el cofre vacío.

Teil 6: Die begrabene Wahrheit

Kommissar Pérez und María erreichen den Eingang des alten Friedhofs, der auf der Karte markiert ist. Der Ort ist still, mit alten Gräbern, die von Moos überwuchert sind. Das Licht des Vollmonds erhellt den Weg.

„Hier ist das Kreuz von der Karte", sagt María und zeigt auf ein großes steinernes Kreuz in der Mitte des Friedhofs.

Der Kommissar betrachtet das Kreuz. An seiner Basis sind Inschriften, die kaum lesbar sind. Er schaltet seine Taschenlampe ein und liest laut vor:

„Unter diesem Kreuz ruht der Schatz der Navarros."

„Schatz?", fragt María überrascht.

„Vielleicht hat die Familie Navarro hier etwas Wichtiges versteckt", antwortet der Kommissar.

Beide beginnen, um das Kreuz herum nach Hinweisen zu suchen. Auf einer Seite findet María eine kleine Metallplatte. Sie hat ein Symbol, das dem auf der Metalltür im Keller ähnelt.

„Kommissar, das sieht aus wie ein geheimes Schloss", sagt María.

Der Kommissar nickt und holt den rostigen Schlüssel hervor, den sie zuvor im Haus gefunden haben. Er steckt ihn ins Schloss und dreht. Mit einem Klicken bewegt sich die Basis des Kreuzes und enthüllt eine Falltür.

„Das wird immer interessanter", sagt der Kommissar.

Die Falltür öffnet sich und zeigt eine Treppe, die in eine unterirdische Kammer führt. Die Luft ist kühl und riecht nach feuchter Erde.

„Gehen wir vorsichtig hinunter", sagt der Kommissar.

María und der Kommissar steigen hinab. Die Kammer ist klein, mit Steinwänden und einer Truhe in der Mitte.

„Das scheint der Schatz zu sein", sagt María aufgeregt.

Der Kommissar untersucht die Truhe. Sie ist aus Holz, mit Metall verstärkt, und hat ein großes Schloss.

„Wir müssen sie öffnen. Vielleicht erklärt das alles", sagt der Kommissar.

Während er nach einer Möglichkeit sucht, das Schloss zu öffnen, hören sie ein Geräusch von oben. Die Falltür schlägt plötzlich zu.

„Wir sind eingeschlossen!", ruft María.

Der Kommissar leuchtet mit seiner Taschenlampe zur Treppe.

„Jemand hat uns hier eingeschlossen", sagt er leise.

Plötzlich hören sie eine vertraute Stimme von der anderen Seite der Falltür.

„Ihr hättet nicht hierherkommen sollen!", ruft der Mann mit dem schwarzen Hut.

„Wer sind Sie, und was suchen Sie?!", ruft der Kommissar.

„Ihr werdet es nie verstehen. Dieser Schatz gehört mir, wie es immer hätte sein sollen."

Der Mann beginnt, etwas Schweres auf die Falltür zu schieben.

„Er will uns hier zurücklassen!", sagt María erschrocken.

Der Kommissar schlägt mit aller Kraft gegen die Falltür, aber sie bleibt verschlossen.

„Wir müssen einen anderen Ausgang finden", sagt er.

María leuchtet mit ihrer Taschenlampe die Wände ab und entdeckt einen kleinen Tunnel am Ende der Kammer.

„Kommissar Pérez, sehen Sie! Vielleicht können wir hier entkommen."

Der Kommissar nickt.

„Aber zuerst öffnen wir die Truhe. Wir können sie nicht hierlassen."

Mit seinem Taschenmesser bricht der Kommissar das Schloss auf. In der Truhe finden sie alte Dokumente, Goldmünzen und ein kleines Tagebuch.

„Diese Dokumente sind wichtig. Sie könnten erklären, wer dieser Mann ist und was er sucht", sagt der Kommissar, während er das Tagebuch aufnimmt.

María steckt die Münzen und Papiere schnell in ihren Rucksack.

„Jetzt müssen wir gehen, bevor es zu spät ist", sagt María.

Beide betreten den Tunnel und lassen die leere Truhe zurück.

Vokabelliste:

cementerio – Friedhof

tumba – Grab

inscripción – Inschrift

trampa – Falle

tesoro – Schatz

cámara subterránea – unterirdische Kammer

truhas – Truhen

candado – Schloss

túnel – Tunnel

diario – Tagebuch

Parte 7: El diario revelador

El túnel es estrecho y oscuro. María y el comisario caminan con cuidado, iluminando el camino con sus linternas. El aire es pesado, y solo se escucha el eco de sus pasos.

„¿Este túnel tendrá salida?", pregunta María, preocupada.

„Debemos confiar en que sí. No podemos regresar", responde el comisario.

Mientras avanzan, el comisario abre el pequeño diario que encuentran en el cofre. Las páginas están llenas de notas escritas a mano y dibujos.

„¿Qué dice?", pregunta María con curiosidad.

„Aquí hay nombres, fechas y lugares. Parece que los Navarros escondían riquezas y secretos en varios puntos del pueblo", explica el comisario.

El comisario pasa las páginas rápidamente. Encuentra un dibujo de la casa vieja y un texto que dice: „La traición divide, pero la verdad une."

„Esto es más que un simple tesoro. Tal vez hay una historia de traición detrás de todo", añade el comisario.

De repente, escuchan un ruido en el túnel. Es como si alguien estuviera detrás de ellos.

„¡Apaga la linterna!", dice el comisario en voz baja.

María apaga su linterna y ambos se quedan en la oscuridad. El ruido se hace más fuerte, como pasos que se acercan.

„¡Nos siguen!", susurra María, nerviosa.

El comisario toma su linterna y la enciende de golpe, iluminando el túnel detrás de ellos. Pero no hay nadie.

„Esto no me gusta. Debemos movernos rápido", dice el comisario.

Siguen avanzando hasta que llegan a una bifurcación. Hay dos caminos: uno estrecho y oscuro, y otro más ancho pero con agua en el suelo.

„¿Qué camino tomamos?", pregunta María.

El comisario piensa un momento y responde:

„El más ancho. Tal vez lleva a la salida."

Caminar por el agua es difícil. El túnel se hace más frío y la linterna empieza a parpadear.

„¡No ahora!", murmura María, golpeando la linterna.

Finalmente, ven una luz débil al final del túnel. Ambos corren hacia ella. Salen a un claro en el bosque, donde el aire fresco les da alivio.

„¡Lo logramos!", exclama María.

Pero no están solos. Cerca del claro, el hombre del sombrero negro los espera, con una linterna y una pala en la mano.

„Ustedes son más persistentes de lo que pensaba", dice con una sonrisa siniestra.

El comisario da un paso adelante.

„¿Quién eres y por qué haces esto?", pregunta en voz firme.

El hombre se ríe.

„Mi nombre no importa. Lo que importa es lo que ustedes tienen. Devuélvanme el diario y los documentos."

María abraza su mochila con fuerza.

„¡Esto no te pertenece!", grita ella.

El hombre levanta la pala, amenazante.

„No entienden nada. Los Navarros me traicionan hace años, y ahora todo esto es mío por derecho."

El comisario saca su arma.

„Baja la pala. Esto no termina bien para ti."

El hombre mira al comisario y sonríe.

„Tal vez, pero ustedes no saben lo que viene. Esto es solo el comienzo."

De repente, el hombre tira algo al suelo: una pequeña bomba de humo. El claro se llena de niebla, y cuando se disipa, él ya no está.

„¡Escapó otra vez!", dice María, frustrada.

El comisario revisa el diario nuevamente.

„Él sabe algo que no entendemos todavía. Necesitamos encontrar todas las piezas de este misterio."

Teil 7: Das enthüllende Tagebuch

Der Tunnel ist eng und dunkel. María und der Kommissar gehen vorsichtig weiter, ihre Taschenlampen beleuchten den Weg. Die Luft ist schwer, und nur das Echo ihrer Schritte ist zu hören.

„Führt dieser Tunnel irgendwohin?", fragt María besorgt.

„Wir müssen darauf vertrauen. Zurück können wir nicht", antwortet der Kommissar.

Während sie vorankommen, öffnet der Kommissar das kleine Tagebuch, das sie in der Truhe gefunden haben. Die Seiten sind voller handgeschriebener Notizen und Zeichnungen.

„Was steht da?", fragt María neugierig.

„Hier sind Namen, Daten und Orte. Es scheint, als hätten die Navarros Reichtümer und Geheimnisse an verschiedenen Orten im Dorf versteckt", erklärt der Kommissar.

Er blättert schnell durch die Seiten und entdeckt eine Zeichnung des alten Hauses sowie den Satz: „Der Verrat trennt, aber die Wahrheit eint."

„Das ist mehr als nur ein Schatz. Vielleicht steckt eine Geschichte von Verrat dahinter", fügt der Kommissar hinzu.

Plötzlich hören sie ein Geräusch im Tunnel. Es klingt, als wäre jemand hinter ihnen.

„Mach die Taschenlampe aus!", sagt der Kommissar leise.

María schaltet ihre Taschenlampe aus, und beide bleiben in der Dunkelheit stehen. Das Geräusch wird lauter, wie Schritte, die näherkommen.

„Jemand verfolgt uns!", flüstert María nervös.

Der Kommissar schaltet plötzlich seine Taschenlampe ein und beleuchtet den Tunnel hinter ihnen. Doch niemand ist zu sehen. „Das gefällt mir nicht. Wir müssen uns beeilen", sagt er.

Sie gehen weiter, bis sie an eine Weggabelung kommen. Es gibt zwei Wege: einen engen und dunklen und einen breiteren, auf dessen Boden Wasser steht.

„Welchen Weg nehmen wir?", fragt María.

Der Kommissar denkt kurz nach und antwortet: „Den breiteren. Er könnte zur Ausfahrt führen."

Das Gehen durch das Wasser ist anstrengend. Der Tunnel wird kälter, und Marías Taschenlampe beginnt zu flackern.

„Nicht jetzt!", murmelt sie und klopft auf die Lampe.

Schließlich sehen sie ein schwaches Licht am Ende des Tunnels. Sie rennen darauf zu und treten in eine Lichtung im Wald hinaus, wo die frische Luft sie erleichtert durchatmen lässt.

„Wir haben es geschafft!", ruft María. Doch sie sind nicht allein. Am Rand der Lichtung wartet der Mann mit dem schwarzen Hut auf sie, eine Taschenlampe und eine Schaufel in der Hand.

„Ihr seid hartnäckiger, als ich dachte", sagt er mit einem düsteren Lächeln.

Der Kommissar tritt einen Schritt vor. „Wer bist du, und warum tust du das?", fragt er mit fester Stimme.

Der Mann lacht. „Mein Name ist unwichtig. Was zählt, ist, was ihr habt. Gebt mir das Tagebuch und die Dokumente zurück."

María hält ihren Rucksack fest.

„Das gehört dir nicht!", schreit sie.

Der Mann hebt die Schaufel bedrohlich.

„Ihr versteht nichts. Die Navarros haben mich vor Jahren verraten, und jetzt gehört all das mir, wie es sein sollte."

Der Kommissar zieht seine Waffe. „Leg die Schaufel weg. Das endet nicht gut für dich."

Der Mann blickt den Kommissar an und lächelt. „Vielleicht. Aber ihr wisst nicht, was noch kommt. Das ist erst der Anfang."

Plötzlich wirft der Mann etwas auf den Boden: eine kleine Rauchbombe. Die Lichtung füllt sich mit Nebel, und als dieser sich lichtet, ist er verschwunden.

„Er ist schon wieder entkommen!", sagt María frustriert.

Der Kommissar schlägt das Tagebuch erneut auf.

„Er weiß etwas, das wir noch nicht verstehen. Wir müssen alle Teile dieses Rätsels finden."

Vokabelliste:

bifurcación – Weggabelung

estrecho – eng

amplio – breit

mojado – nass

traición – Verrat

unir – vereinen

eco – Echo

claro – Lichtung

persistente – hartnäckig

humo – Rauch

Parte 8: El secreto de los Navarros

Después de escapar del hombre del sombrero negro, María y el comisario Pérez regresan a la comisaría. Están agotados, pero saben que el diario es clave para resolver el misterio.

„Tenemos que estudiar este diario con calma. Tal vez encontremos algo que nos lleve al siguiente paso", dice el comisario mientras coloca el diario sobre la mesa de su oficina.

María abre el diario en una página marcada. Hay un dibujo de un emblema con una cruz y una inscripción: „El legado está donde comenzó todo."

„¿Dónde comenzó todo?", pregunta María, confundida.

El comisario se rasca la cabeza y dice:

„Tal vez en el lugar donde vivían los Navarros. Necesitamos investigar más sobre ellos."

Buscan en los archivos de la comisaría y encuentran un informe viejo sobre la familia Navarro. Descubren que eran una familia influyente en el pueblo hace más de cien años, pero se enfrentaron por una herencia.

„Aquí dice que los hermanos Navarro se pelean por el control de una mina de oro. Uno de ellos desaparece misteriosamente, y la familia nunca se recupera", lee el comisario.

María señala un nombre en el informe.

„¡Mire esto! Uno de los hermanos, Tomás Navarro, construye la casa vieja donde encontramos el túnel. Tal vez la mina está conectada con esa casa."

El comisario asiente.

„Tiene sentido. El hombre del sombrero busca algo que ellos esconden en la mina."

Deciden regresar a la casa vieja al día siguiente. Al llegar, el lugar parece más siniestro que nunca.

„Todo comienza aquí, como dice el diario. Tenemos que explorar más", dice el comisario.

Revisan las habitaciones nuevamente. En una pared del sótano, encuentran un símbolo tallado que coincide con el emblema del diario.

„Esto es nuevo. No lo vemos antes", dice María, tocando el símbolo.

El comisario presiona el símbolo, y de repente, una sección de la pared se abre, revelando otro pasadizo.

„¡Es un segundo túnel!", exclama María.

Ambos entran con cautela. Este túnel es más ancho y tiene marcas en las paredes que parecen flechas, guiándolos hacia adelante.

„Esto nos lleva directamente a la mina de los Navarros, estoy seguro", dice el comisario.

Después de caminar por varios minutos, llegan a una gran caverna. En el centro hay una estructura de madera que parece un antiguo ascensor de mina.

„Esto es lo que buscan los Navarros. La mina todavía existe", dice el comisario, mirando alrededor.

María ve algo en el suelo: una lámpara encendida y huellas recientes.

„Comisario, alguien está aquí. Tal vez el hombre del sombrero."

De repente, un ruido fuerte se escucha desde las profundidades de la mina. Es como si algo pesado cayera.

„Debemos bajar, pero con cuidado. Esto puede ser peligroso", dice el comisario.

Ambos entran en el ascensor y descienden lentamente hacia la oscuridad. La tensión crece con cada segundo.

Teil 8: Das Geheimnis der Navarros

Nach der Flucht vor dem Mann mit dem schwarzen Hut kehren María und Kommissar Pérez erschöpft zur Polizeiwache zurück. Sie wissen, dass das Tagebuch der Schlüssel zur Lösung des Rätsels ist.

„Wir müssen dieses Tagebuch in Ruhe studieren. Vielleicht finden wir etwas, das uns den nächsten Schritt zeigt", sagt der Kommissar und legt das Tagebuch auf den Schreibtisch in seinem Büro.

María schlägt eine markierte Seite auf. Dort ist eine Zeichnung eines Wappens mit einem Kreuz und einer Inschrift: „Das Vermächtnis ist dort, wo alles begann."

„Wo hat alles begonnen?", fragt María verwirrt.

Der Kommissar kratzt sich am Kopf und sagt:

„Vielleicht an dem Ort, an dem die Navarros lebten. Wir müssen mehr über sie herausfinden."

Sie durchstöbern die Akten der Polizeiwache und finden einen alten Bericht über die Familie Navarro. Sie erfahren, dass die Navarros vor über hundert Jahren eine einflussreiche Familie im Dorf waren, aber durch einen Streit um ein Erbe auseinandergerissen wurden.

„Hier steht, dass die Brüder Navarros sich um die Kontrolle einer Goldmine stritten. Einer von ihnen verschwand auf mysteriöse Weise, und die Familie erholte sich nie davon", liest der Kommissar vor.

María zeigt auf einen Namen im Bericht.

„Schauen Sie mal! Einer der Brüder, Tomás Navarro, baute das alte Haus, in dem wir den Tunnel fanden. Vielleicht ist die Mine mit diesem Haus verbunden."

Der Kommissar nickt.

„Das ergibt Sinn. Der Mann mit dem schwarzen Hut sucht etwas, das sie in der Mine versteckt haben."

Am nächsten Tag kehren sie zum alten Haus zurück. Es wirkt düsterer als je zuvor.

„Alles beginnt hier, wie es im Tagebuch steht. Wir müssen genauer suchen", sagt der Kommissar.

Sie durchsuchen erneut die Räume. Im Keller entdecken sie ein in die Wand eingraviertes Symbol, das mit dem Emblem im Tagebuch übereinstimmt.

„Das ist neu. Das haben wir vorher nicht gesehen", sagt María und berührt das Symbol.

Der Kommissar drückt auf das Symbol, und plötzlich öffnet sich ein Teil der Wand und gibt einen weiteren Durchgang frei.

„Das ist ein zweiter Tunnel!", ruft María.

Vorsichtig betreten beide den Tunnel. Er ist breiter als der erste und hat Pfeilmarkierungen an den Wänden, die ihnen den Weg weisen.

„Das führt uns direkt zur Mine der Navarros, da bin ich sicher", sagt der Kommissar.

Nach einigen Minuten erreichen sie eine große Höhle. In der Mitte steht eine Holzkonstruktion, die wie ein alter Minenaufzug aussieht.

„Das ist es, wonach die Navarros suchten. Die Mine existiert noch", sagt der Kommissar und schaut sich um.

María bemerkt etwas auf dem Boden: eine brennende Lampe und frische Fußspuren.

„Kommissar Pérez, hier ist jemand. Vielleicht der Mann mit dem schwarzen Hut."

Plötzlich hören sie ein lautes Geräusch aus den Tiefen der Mine, als wäre etwas Schweres gefallen.

„Wir müssen hinunter, aber vorsichtig. Es könnte gefährlich sein", sagt der Kommissar.

Beide steigen in den Aufzug und fahren langsam in die Dunkelheit hinab. Die Spannung wächst mit jedem Augenblick.

Vokabelliste:

legado – Vermächtnis
mina – Mine
herencia – Erbe
caverna – Höhle
ascensor – Aufzug
estructura – Konstruktion
huellas – Fußspuren
inscripción – Inschrift

Parte 9: El corazón de la mina

El ascensor desciende lentamente. María siente el aire pesado y frío mientras las sombras de la mina los envuelven. El comisario Pérez mantiene la linterna fija hacia abajo.

„Estamos cerca. Escucho algo", dice en voz baja.

Al llegar al fondo, ven un enorme túnel que se extiende hacia la oscuridad. En las paredes hay herramientas oxidadas y tablones viejos.

„Esto parece abandonado, pero alguien lo usa recientemente", dice el comisario, señalando unas huellas en el suelo.

María se agacha y examina las huellas.

„Son recientes. Tal vez el hombre del sombrero está aquí."

Siguen las huellas hasta una gran cámara subterránea. En el centro, hay una mesa con documentos y una caja metálica cerrada. Pero no están solos.

El hombre del sombrero negro está de pie junto a la mesa, revisando los documentos. Cuando escucha a María y al comisario, se gira rápidamente.

„¡Ustedes otra vez!", grita con furia.

„¡Es el final! ¡Baja las manos y ven con nosotros!", ordena el comisario, apuntándolo con su arma.

El hombre sonríe y saca un objeto extraño de su bolsillo: un detonador.

„No entienden nada. Esto no es solo oro. Es el secreto de mi familia. Y si no puedo tenerlo, ¡nadie lo tendrá!", grita mientras amenaza con presionar el botón.

María da un paso adelante, levantando las manos.

„¡Espera! No necesitas hacer esto. Podemos resolverlo juntos. Solo dinos la verdad."

El hombre duda por un momento. Mira el detonador y luego a María.

„La verdad es simple: mi familia, los descendientes de los Navarros, son traicionados por sus propios hermanos. Todo lo que ellos esconden aquí es mío por derecho", dice con amargura.

„¿Tu familia? ¿Eres un descendiente de los Navarros?", pregunta el comisario, sorprendido.

„Así es. Pero nadie me cree. Piensan que estoy loco. Por eso busco esto toda mi vida."

El comisario baja ligeramente su arma.

„Escucha, si esto es verdad, podemos ayudarte. No necesitas destruirlo todo."

El hombre del sombrero parece confundido, pero antes de que pueda responder, se escucha un ruido detrás de ellos.

„¡Cuidado!", grita María.

De las sombras, aparece otro hombre armado. Es alguien que nunca han visto antes.

„¡Todos quédense quietos! ¡Esto ahora es mío!", grita el nuevo hombre.

El hombre del sombrero parece sorprendido.

„¿Tú? ¿Cómo llegaste aquí?", pregunta, furioso.

El nuevo hombre no responde. Apunta directamente a la caja metálica en la mesa.

„El contenido de esa caja vale más de lo que imaginan. ¡Entréguenla ahora!"

El comisario aprovecha el momento de distracción y se lanza sobre el hombre armado. Ambos caen al suelo en una lucha. María corre hacia la caja, intentando protegerla.

El hombre del sombrero, sin saber qué hacer, deja caer el detonador y corre hacia la salida.

„¡No lo dejen escapar!", grita María.

El comisario logra desarmar al hombre nuevo, pero el caos continúa. De repente, un ruido fuerte sacude la mina. Una de las paredes comienza a derrumbarse.

„¡Tenemos que salir de aquí ahora!", grita el comisario.

María toma la caja metálica y corre hacia el ascensor. El comisario la sigue, empujando al hombre desarmado.

„¡No me dejen aquí!", grita el hombre del sombrero, que también corre hacia ellos.

Todos llegan al ascensor justo antes de que el túnel colapse. Suben rápidamente mientras el polvo y las rocas caen alrededor.

Al llegar a la superficie, todos respiran con dificultad. María todavía tiene la caja en sus manos.

„Esto es lo que buscan. Esto es el secreto de los Navarros", dice, temblando.

El comisario asiente, pero su mirada es seria.

„Lo abrimos en la comisaría. Debemos saber la verdad completa."

El hombre del sombrero los mira con desesperación.

„No entienden. Eso no es solo un tesoro. Es una maldición."

Teil 9: Das Herz der Mine

Der Aufzug fährt langsam hinab. María spürt die schwere, kalte Luft, während die Schatten der Mine sie umgeben. Kommissar Pérez hält seine Taschenlampe fest nach unten gerichtet.

„Wir sind nah dran. Ich höre etwas", sagt er leise.

Unten angekommen, sehen sie einen riesigen Tunnel, der sich in die Dunkelheit erstreckt. An den Wänden hängen rostige Werkzeuge und alte Holzplanken.

„Es sieht verlassen aus, aber jemand benutzt es noch", sagt der Kommissar und zeigt auf frische Fußspuren im Boden.

María bückt sich und untersucht die Abdrücke.

„Sie sind frisch. Vielleicht ist der Mann mit dem schwarzen Hut hier."

Sie folgen den Spuren bis zu einer großen unterirdischen Kammer. In der Mitte steht ein Tisch mit Dokumenten und einer verschlossenen Metallkiste. Aber sie sind nicht allein.

Der Mann mit dem schwarzen Hut steht neben dem Tisch und durchsucht die Papiere. Als er María und den Kommissar hört, dreht er sich schnell um.

„Ihr schon wieder!", ruft er wütend.

„Das ist das Ende! Hände hoch und kommen Sie mit uns!", befiehlt der Kommissar und zielt mit seiner Waffe.

Der Mann lächelt und holt einen seltsamen Gegenstand aus seiner Tasche: eine Bombe.

„Ihr versteht nichts. Das hier ist mehr als Gold. Es ist das Geheimnis meiner Familie. Und wenn ich es nicht haben kann, wird es niemand haben!", schreit er und droht, den Knopf zu drücken.

María tritt einen Schritt vor, die Hände erhoben.

„Warte! Du musst das nicht tun. Wir können es zusammen lösen. Sag uns einfach die Wahrheit."

Der Mann zögert kurz. Er schaut auf die Bombe und dann auf María.

„Die Wahrheit ist einfach: Meine Familie, die Nachkommen der Navarros, wurden von ihren eigenen Brüdern verraten. Alles, was sie hier versteckt haben, gehört mir", sagt er verbittert.

„Ihre Familie? Sie sind ein Nachkomme der Navarros?", fragt der Kommissar überrascht.

„Genau. Aber niemand glaubt mir. Sie denken, ich bin verrückt. Deshalb suche ich das mein ganzes Leben."

Der Kommissar senkt seine Waffe leicht.

„Hören Sie, wenn das stimmt, können wir Ihnen helfen. Sie müssen nicht alles zerstören."

Der Mann mit dem schwarzen Hut wirkt verwirrt, aber bevor er antworten kann, hören sie ein Geräusch hinter sich.

„Vorsicht!", ruft María.

Aus den Schatten tritt ein bewaffneter Mann, den sie noch nie gesehen haben.

„Alle stehen bleiben! Das hier gehört jetzt mir!", schreit der Fremde.

Der Mann mit dem schwarzen Hut wirkt überrascht.

„Du? Wie bist du hierhergekommen?", fragt er wütend.

Der Fremde antwortet nicht, sondern richtet seine Waffe direkt auf die Metallkiste auf dem Tisch.

„Der Inhalt dieser Kiste ist mehr wert, als ihr euch vorstellen könnt. Gebt sie sofort her!"

Der Kommissar nutzt den Moment der Ablenkung und stürzt sich auf den bewaffneten Mann. Beide fallen zu Boden und kämpfen. María läuft zur Kiste, um sie zu schützen.

Der Mann mit dem schwarzen Hut, unsicher, was er tun soll, lässt die Bombe fallen und rennt Richtung Ausgang.

„Lasst ihn nicht entkommen!", ruft María.

Der Kommissar entwaffnet den Fremden, aber das Chaos nimmt zu. Plötzlich erschüttert ein lautes Geräusch die Mine. Eine der Wände beginnt einzustürzen.

„Wir müssen sofort hier raus!", ruft der Kommissar.

María nimmt die Metallkiste und rennt zum Aufzug. Der Kommissar folgt ihr und schiebt den entwaffneten Mann vor sich her.

„Lasst mich nicht hier!", schreit der Mann mit dem schwarzen Hut, der ebenfalls zum Aufzug rennt.

Alle schaffen es in den Aufzug, bevor der Tunnel vollständig einstürzt. Sie fahren schnell nach oben, während Staub und Steine um sie herumfallen.

An der Oberfläche angekommen, schnappen alle nach Luft. María hält die Kiste fest in den Händen.

„Das ist es, wonach sie gesucht haben. Das ist das Geheimnis der Navarros", sagt sie zitternd.

Der Kommissar nickt, aber sein Blick ist ernst.

„Wir öffnen sie in der Polizeiwache. Wir müssen die ganze Wahrheit erfahren."

Der Mann mit dem schwarzen Hut schaut sie verzweifelt an.

„Ihr versteht nicht. Das ist nicht nur ein Schatz. Es ist ein Fluch."

Vokabelliste:

herramientas oxidadas – rostige Werkzeuge

tablones – Holzplanken

detonador – Bombe

traición – Verrat

descendiente – Nachkomme

colapso – Einsturz

maldición – Fluch

Parte 10: La verdad oculta

De vuelta en la comisaría, María y el comisario Pérez se preparan para abrir la caja metálica. El hombre del sombrero negro está sentado, esposado, pero su mirada sigue fija en la caja.

„¿Qué significa esa maldición de la que hablas?", pregunta el comisario.

„Es lo que destruye a mi familia. Esa caja contiene más que oro. Contiene los secretos que dividen a los Navarros y los condenan a su fin", responde el hombre, en un tono grave.

María lo observa con desconfianza.

„Tal vez solo intentas asustarnos."

El comisario toma una palanca y abre con cuidado la caja. Dentro hay varios objetos: un documento antiguo, un medallón de oro con el emblema de los Navarros y un pequeño frasco con un líquido oscuro.

„¿Esto es todo?", pregunta María, decepcionada.

El hombre del sombrero niega con la cabeza.

„Ese documento contiene la verdadera historia de los Navarros. Léelo y entenderás."

El comisario despliega el documento y comienza a leer en voz alta:

„Nosotros, los hermanos Navarro, sellamos este pacto con sangre. El que rompa la unión de nuestra familia será condenado. La riqueza no es para uno, sino para todos."

María frunce el ceño.

„¿Un pacto? ¿Qué tiene que ver esto con lo que pasa ahora?"

El hombre explica con amargura:

„Mis antepasados rompen el pacto por avaricia. Uno de ellos traiciona a los otros y se lleva todo. Desde entonces, la maldición nos sigue. Cada generación paga el precio."

El comisario suspira y observa el frasco.

„¿Y esto?"

„Ese líquido es un veneno. Uno de los hermanos lo usa para eliminar a los demás. Pero no funciona como él espera. Al final, todos terminan muertos", dice el hombre, bajando la cabeza.

María y el comisario intercambian miradas.

„Esto no tiene sentido. ¿Por qué proteger algo tan terrible?", pregunta María.

El hombre los mira fijamente.

„Porque es mi deber. No quiero que nadie más sufra por esto."

El comisario guarda el documento y el medallón en una bolsa.

„Llevaremos esto a los archivos históricos. Tal vez sea una lección para el futuro."

De repente, las luces de la comisaría parpadean. Un viento extraño llena la sala.

„¿Qué está pasando?", pregunta María, asustada.

El hombre del sombrero sonríe con tristeza.

„La maldición despierta. Rompen el sello."

El frasco se cae de la mesa y se rompe en el suelo. El líquido oscuro se evapora rápidamente, llenando el aire con un olor extraño.

„¡Salgan de aquí!", grita el comisario.

Todos corren fuera de la sala, pero el hombre del sombrero se detiene.

„Es mi destino. Yo debo quedarme."

Antes de que puedan detenerlo, el hombre cierra la puerta detrás de él. Una explosión de luz y sombra inunda la sala. Cuando todo se calma, el lugar está en silencio.

María y el comisario regresan lentamente. La caja está vacía, y el hombre ya no está.

„¿Qué ocurrió aquí?", pregunta María, atónita.

El comisario observa el lugar vacío y responde:

„Tal vez, el hombre del sombrero encuentra su paz."

Guardan los objetos restantes como evidencia, pero ambos saben que nunca podrán explicar completamente lo que ocurrió.

En los días siguientes, el caso de los Navarros se convierte en una historia local. La mina y la casa son selladas para siempre, y el pueblo intenta olvidar.

Y finalmente, María y el comisario revisan los archivos del pueblo para descubrir más sobre el otro hombre. En un documento amarillento, casi olvidado, encuentran una extraña nota:

„Con la caída del heredero termina también la sombra que lo persigue. Dos caras de una maldición, inseparables pero enfrentadas."

„¿El nuevo hombre … su sombra?" murmura María al leer las palabras.

„Nunca fue solo un tesoro", responde el comisario en voz baja. „Tal vez una maldición que debía acabar con ambos."

Desde ese momento, ni el hombre del sombrero negro ni el misterioso otro hombre vuelven a aparecer en el pueblo. María y el comisario saben que algunos enigmas es mejor dejarlos sin resolver, pero sienten que la maldición finalmente se ha roto.

Fin

Teil 10: Die verborgene Wahrheit

Zurück in der Polizeiwache bereiten sich María und Kommissar Pérez darauf vor, die Metallkiste zu öffnen. Der Mann mit dem schwarzen Hut sitzt in Handschellen, aber sein Blick bleibt fest auf die Kiste gerichtet.

„Was bedeutet dieser Fluch, von dem du sprichst?", fragt der Kommissar.

„Es ist das, was meine Familie zerstört. Diese Kiste enthält mehr als Gold. Sie enthält die Geheimnisse, die die Navarros spalten und sie ins Verderben führen", antwortet der Mann mit ernster Stimme.

María sieht ihn misstrauisch an.

„Vielleicht versuchst du nur, uns Angst zu machen."

Der Kommissar nimmt eine Brechstange und öffnet vorsichtig die Kiste. Darin finden sie mehrere Objekte: ein altes Dokument, ein goldenes Medaillon mit dem Wappen der Navarros und ein kleines Fläschchen mit einer dunklen Flüssigkeit.

„Das ist alles?", fragt María enttäuscht.

Der Mann schüttelt den Kopf.

„Dieses Dokument enthält die wahre Geschichte der Navarros. Lies es, und du wirst verstehen."

Der Kommissar breitet das Dokument aus und beginnt laut vorzulesen:

„Wir, die Brüder Navarro, besiegeln diesen Pakt mit Blut. Wer die Einheit unserer Familie bricht, wird verflucht. Der Reichtum gehört nicht einem, sondern allen."

María runzelt die Stirn.

„Ein Pakt? Was hat das mit allem zu tun?"

Der Mann erklärt bitter:

„Meine Vorfahren brachen den Pakt aus Gier. Einer von ihnen verriet die anderen und nahm alles an sich. Seitdem verfolgt der Fluch uns. Jede Generation zahlt den Preis."

Der Kommissar seufzt und betrachtet das Fläschchen.

„Und das hier?"

„Dieses Gift wurde von einem der Brüder benutzt, um die anderen auszuschalten. Aber es funktionierte nicht wie erwartet. Am Ende starben sie alle", sagt der Mann und senkt den Kopf.

María und der Kommissar tauschen Blicke.

„Das ergibt keinen Sinn. Warum etwas so Schreckliches schützen?", fragt María.

Der Mann sieht sie mit ernsten Augen an.

„Weil es meine Pflicht ist. Ich will nicht, dass jemand anderes darunter leidet."

Der Kommissar legt das Dokument und das Medaillon in eine Tasche.

„Wir bringen das in die historischen Archive. Vielleicht kann es eine Lehre für die Zukunft sein."

Plötzlich flackern die Lichter in der Wache. Ein seltsamer Wind erfüllt den Raum.

„Was passiert hier?", fragt María erschrocken.

Der Mann mit dem schwarzen Hut lächelt traurig.

„Der Fluch erwacht. Ihr habt das Siegel gebrochen."

Das Fläschchen fällt vom Tisch und zerspringt auf dem Boden. Die dunkle Flüssigkeit verdunstet schnell und erfüllt die Luft mit einem seltsamen Geruch.

„Raus hier!", schreit der Kommissar.

Alle rennen aus dem Raum, doch der Mann mit dem schwarzen Hut bleibt stehen.

„Das ist mein Schicksal. Ich muss hierbleiben."

Bevor sie ihn aufhalten können, schließt der Mann die Tür hinter sich. Eine Explosion aus Licht und Schatten erfüllt den Raum. Als alles vorüber ist, herrscht Stille.

María und der Kommissar kehren vorsichtig zurück. Die Kiste ist leer, und der Mann ist verschwunden.

„Was ist hier passiert?", fragt María fassungslos.

Der Kommissar sieht sich im leeren Raum um und antwortet: „Vielleicht hat der Mann mit dem schwarzen Hut seinen Frieden gefunden."

In den folgenden Tagen wird der Fall der Navarros zu einer lokalen Legende. Die Mine und das Haus werden für immer versiegelt, und das Dorf versucht zu vergessen.

Und schließlich durchforsten María und der Kommissar die Archive des Dorfes, um mehr über den anderen Mann herauszufinden. In einer vergilbten, fast vergessenen Aufzeichnung stoßen sie auf eine seltsame Notiz:

„Mit dem Fall des Erben endet auch der Schatten, der ihn heimsucht. Zwei Seiten eines Fluchs, untrennbar und doch gegeneinander."

„Der neue Mann … sein Schatten?", murmelt María, als sie die Worte liest.

„Es war nie nur ein Schatz", antwortet der Kommissar leise, „sondern ein Fluch, der mit ihnen beiden endete."

Von diesem Moment an wird weder der Mann mit dem schwarzen Hut noch der mysteriöse andere Mann je wieder im Dorf gesehen. María und der Kommissar wissen, dass manche Rätsel besser ungelöst bleiben, doch sie spüren, dass der Fluch endlich gebrochen ist.

Ende

Vokabelliste:

esposado – in Handschellen
frasco – Fläschchen
veneno – Gift
sello – Siegel
traición – Verrat
condenar – verurteilen, verdammen
unidad – Einheit
maldición – Fluch
explosión – Explosion
archivos históricos – historische Archive

¡Gracias por leer este libro!

Me alegra mucho que estés aprendiendo español y espero que hayas disfrutado de la historia.

¡Prepárate para el próximo capítulo lleno de emoción y aprendizaje!

Vielen Dank, dass du dieses Buch gelesen hast!

Es freut mich sehr, dass du Spanisch lernst, und ich hoffe, du hattest Spaß an der Geschichte.

Freu dich auf die nächste spannende Folge voller Abenteuer und Lernfreude!